Quand
je me soigne

Titre original de l'ouvrage : « Cuando... estoy enfermo »
© Parramón Ediciones, S.A.
© Bordas. Paris. 1990 pour la traduction française
I.S.B.N. 2-04-019174-7
Dépôt légal : Mai 1990

Traduction : C. Diaz-Bosetti (agrégée d'espagnol)
Adaptation : S. Goulfier (psychologue scolaire)

Imprimé en Espagne par
EMSA, Diputación, 116
08015 Barcelona, en avril 1990
Dépôt légal : B. 16.407-90
Numéro d'Éditeur : 785

la bibliothèque des tout-petits

I. Sanchez / I. Bordoy

Quand je me soigne

Bordas

Je ne me sens pas bien. Maman a pris ma température, je suis malade. Il faut faire venir le médecin.

— Voyons, ouvre la bouche bien grande et fait « haaa » ! dit le docteur.

— Ce n'est pas grave. Il sera vite rétabli s'il prend bien tous ses médicaments.

— Oh non, pas ce sirop !
Il a très mauvais goût.
— Pierre, sois raisonnable,
si tu le prends, tu seras
plus vite guéri, dit Maman.

Encore des piqûres ! Je déteste ça.
Pourtant l'infirmier est gentil.

C'est presque agréable d'être malade.
Maman m'apporte mes repas au lit.
J'en profite pour dessiner.

Mes copains viennent me voir.
On s'amuse bien !

Quand je ne suis pas malade, je vois quand même le docteur de temps en temps. Maman nous emmène à la consultation avec ma sœur.

Un petit coup de marteau sur le genou, hop ! ma jambe se lève. J'ai de bons réflexes. Marie a encore grandi ...

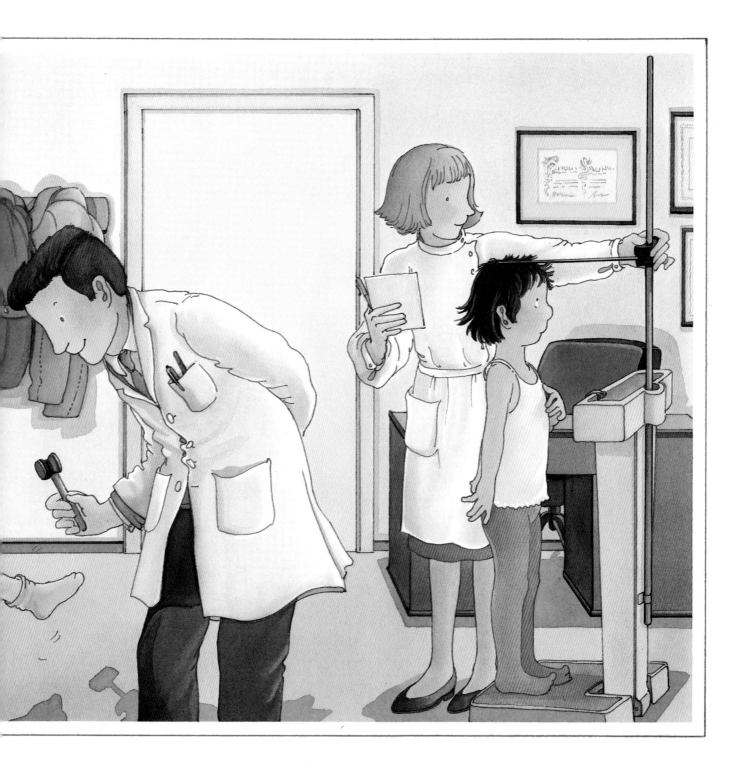

Le docteur écoute les battements
de son cœur et sa respiration.
Je lis toutes les lettres qui sont sur
le mur, même les plus petites.
Je n'ai pas besoin de lunettes.

— Respire fort … Ne respire plus …
C'est bon !
Avec cet appareil, le médecin peut
regarder à l'intérieur de mon corps.

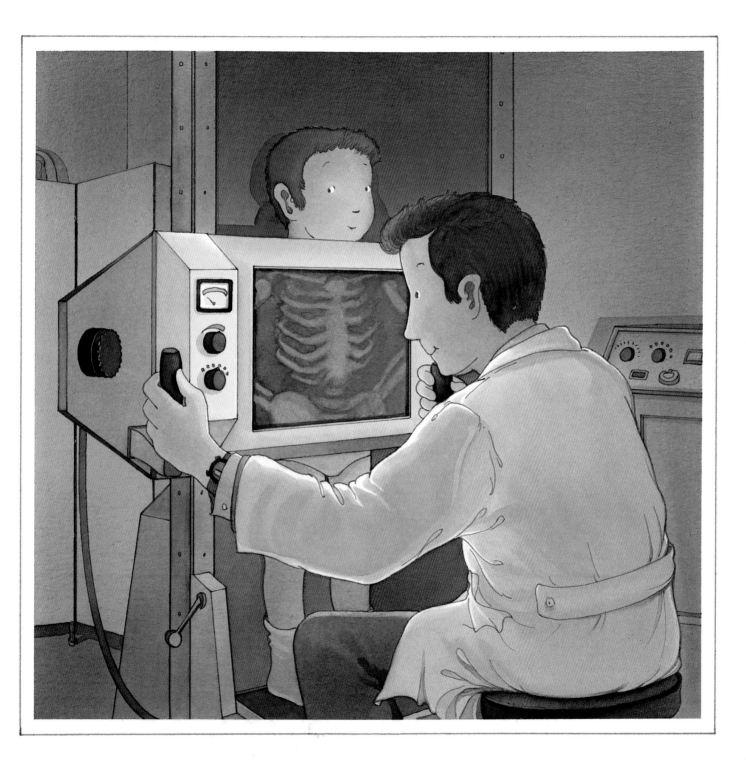

Quelquefois, après, nous allons chez le dentiste. Marie s'allonge sur le fauteuil qui monte et qui descend. Attention aux caries !

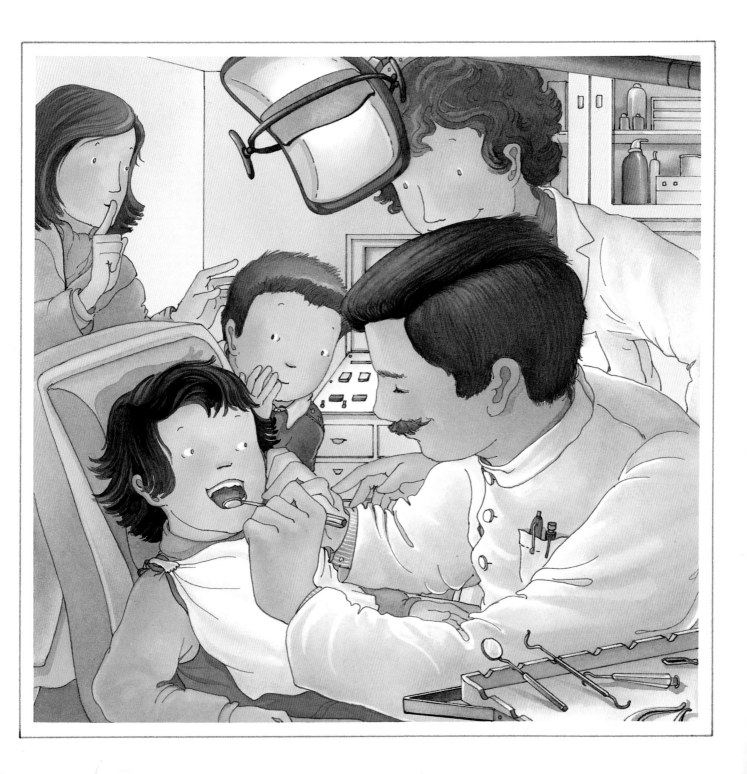

Cette fois c'est fini. Tout va bien !
Quand je vais chez le médecin
régulièrement je suis fort et
en bonne santé.

QUAND JE ME SOIGNE

Médecine infantile

Avec les progrès considérables de la Science et l'évolution des sociétés occidentales, le concept de santé s'est modifié au cours du temps.

Actuellement il pourrait se résumer à « un état de bien-être physique, psychique et social complet ». Pour y parvenir, il ne s'agit plus seulement de guérir mais de prévenir. En médecine infantile, la prévention joue un rôle primordial. Déjà, tout au long de la grossesse, la mère et son fœtus font l'objet d'un suivi médical obligatoire. Dès la naissance, sur le carnet de santé de l'enfant, le pédiatre inscrit les données biologiques et médicales qui le caractérisent. Par la suite, toutes les étapes de sa croissance, son calendrier des vaccinations y seront également consignés et permettront rapidement au médecin lors d'une consultation de pouvoir faire le point.

Le développement de centres PMI (Protection Maternelle Infantile) a largement contribué au progrès de la médecine infantile préventive. Il serait souhaitable que la médecine scolaire connaisse aussi ce développement. Ainsi, le médecin scolaire pourrait-il tout comme le pédiatre être non seulement un spécialiste des maladies infantiles ayant une tâche de prévention et de diagnostic mais jouer, en équipe avec le psychologue scolaire, un rôle important dans le contrôle du développement psychosomatique de l'enfant.

Cet examen porte sur la qualité du développement staturopondéral, le niveau du développement psychomoteur et de l'évolution linguistique, l'intégrité neuromusculaire et, bien sûr, l'état organique général. Mais il doit aussi permettre

une mise en confiance de l'enfant, donner aux parents la possibilité d'exprimer leurs inquiétudes et d'obtenir des informations précises sur les particularités et les problèmes de leurs enfants.

Les visites régulières chez le pédiatre

Au cours de ces visites, le praticien se trouve parfois confronté à des symptômes qui se présentent derrière une apparence somatique (vomissements, douleurs abdominales, troubles du sommeil, troubles de la parole...). Après s'être informé et avoir éliminé systématiquement une origine organique capable de provoquer ou d'aggraver de tels troubles, le médecin comprenant alors qu'il s'agit de manifestations psychopathologiques propose à la famille de consulter un spécialiste de la psychologie infantile (pédopsychiatre, psychologue scolaire, psychothérapeute...)

La fièvre de l'enfant

Dans un état normal de santé, la température du corps peut varier considérablement ; en moyenne de 37°, elle peut monter jusqu'à 38°3 notamment en fin de journée après des périodes d'activité au cours desquelles l'enfant dépense beaucoup d'énergie.

L'élévation de la température constitue un moyen de défense utilisé par l'organisme contre une infection. Elle permet d'ailleurs au médecin de suivre l'évolution de la maladie. Parfois il est nécessaire de la faire tomber immédiatement, lorsqu'elle empêche l'enfant de dormir, le fatigue excessivement ou risque d'entraîner des convulsions.

Dans d'autres circonstances, le médecin sans chercher à faire baisser la fièvre s'attachera uniquement à en éliminer la cause. Otites et angines fréquentes chez le jeune enfant s'accompagnent souvent d'une température élevée.

Les maladies infantiles les plus fréquentes. Vaccinations

Pendant les tout premiers mois de la vie, les anticorps de la mère protègent le bébé contre les infections mais peu à peu leurs effets disparaissent et diverses maladies infectieuses peuvent se développer.

Les plus fréquentes sont : la rougeole, très contagieuse, qui se manifeste par de la fièvre, de la toux et une éruption de taches rosées caractéristiques sur la peau ; la varicelle qui provoque des éruptions cutanées sur tout le corps associées à de fortes démangeaisons ; la rubéole qui débute par une éruption sur la face qui se généralise en quelques heures, la coqueluche qui donne des accès de toux spasmodiques de plus en plus rapprochés et d'abondantes sécrétions nasales.

Pour protéger les enfants contre les maladies contagieuses graves il existe deux types principaux de vaccination.

Les vaccins de virus vivants fabriqués à partir de formes atténuées de ces virus (polio, oreillons, rougeole ou rubéole). Le virus naturel stimule alors le système immunitaire de l'organisme pour fabriquer des anticorps protecteurs qui bloqueront les contaminations ultérieures. Le deuxième type de vaccination est effectué à partir de la bactérie tout entière (coqueluche) ou des toxines fabriquées par la bactérie (tétanos, diphtérie).

Les vaccins ont rarement des effets secondaires mais cela peut se produire. C'est le cas de la vaccination contre la variole qui a d'ailleurs été abandonnée en France depuis 1979. Le risque de complications graves ou même mortelles était plus grand que celui de contracter la variole.

Un calendrier légal idéal a été établi par circulaire ministérielle, cependant des variantes d'application sont admises en fonction du contexte social, épidémiologique et médical.

Vaccinations, rappels et résultats sont consignés au fur et à mesure dans le carnet de santé de l'enfant qui sera réclamé lors de la première inscription à l'école.

L'efficacité des campagnes de vaccinations n'est plus à démontrer, en effet, elles ont permis l'éradication dans les pays développés de maladies graves comme la variole et une appréciable diminution d'autres comme la polio et la tuberculose grâce aux vaccins antipolio et B.C.G.

Bordas Jeunesse

BIBLIOTHÈQUE DES TOUT-PETITS

de 3 à 5 ans

Conçue pour les enfants de 3 à 5 ans, la *Bibliothèque des tout-petits* leur permet de maîtriser des notions fondamentales mais un peu abstraites pour eux : la perception sensorielle, les éléments, le rythme des saisons, les milieux de vie...
Ses diverses séries, constituées en général de 4 titres pouvant chacun être lu de manière autonome, en font une mini encyclopédie dont la qualité graphique, la précision et la fraîcheur de l'illustration sollicitent la sensibilité, l'imagination et l'intelligence du tout-petit.

LES QUATRE MOMENTS DU JOUR

Le matin
L'après-midi
Le soir
La nuit

LES QUATRE SAISONS

Le printemps
L'été
L'automne
L'hiver

LES QUATRE ÉLÉMENTS

La terre
L'air
L'eau
Le feu

LES ÂGES DE LA VIE

Les enfants
Les jeunes
Les parents
Les grands-parents

LES CINQ SENS

L'ouïe
Le toucher
Le goût
L'odorat
La vue

JE DÉCOUVRE

Je découvre le zoo
Je découvre l'aquarium
Je découvre les oiseaux
Je découvre la ferme

JE VOYAGE

En bateau
En train
En avion
En voiture

UN JOUR À...

La mer
La montagne
La campagne
La ville

RACONTE-MOI...

Le petit arbre
Le petit lapin
Le petit oiseau
Le petit poisson

MON UNIVERS

Voilà ma maison
Voilà ma rue
Voilà mon école
Voilà mon jardin

À L'ÉCOLE

Vive mon école !
Vive la classe !
Vive la récréation !
Vive les sorties !

JOYEUSES FÊTES !

Joyeuses Pâques !
Joyeux carnaval !
Joyeux anniversaire !
Joyeux Noël !

MES GESTES QUOTIDIENS

Quand je me lave
Quand je m'habille
Quand je mange
Quand je me soigne

Pour éclater de lire